影响孩子一生的
100个好习惯

辛雅苓 **编著**

中国医药科技出版社

图书在版编目（CIP）数据

影响孩子一生的 100 个好习惯 / 辛雅苓编著 . -- 北京 : 中国医药科技出版社 , 2015.6

ISBN 978-7-5067-7388-1

Ⅰ.①影… Ⅱ.①辛… Ⅲ.①习惯性 – 能力培养 – 儿童教育 – 家庭教育

Ⅳ.① B842.6 ② G78

中国版本图书馆 CIP 数据核字 (2015) 第 078199 号

影响孩子一生的100个好习惯

美术编辑　陈君杞

版式设计　大隐设计

出版　中国医药科技出版社

地址　北京市海淀区文慧园北路甲 22 号

邮编　100082

电话　发行：010-62227427　邮购：010-62236938

网址　www.cmstp.com

规格　710 × 1020mm $^{1}/_{16}$

印张　13 $^{1}/_{4}$

字数　192 千字

版次　2015 年 6 月第 1 版

印次　2015 年 6 月第 1 次印刷

印刷　北京瑞禾彩色印刷有限公司

经销　全国各地新华书店

书号　ISBN 978-7-5067-7388-1

定价　49.80 元

内容提要

NEIRONG TIYAO

“习惯决定孩子的一生”，这句话怎么强调都不足为过。本书是一部父母必读的家庭教育宝典！通过100个图文故事，对家长进行具体的教育指导，突出生活中各种各样的教育细节。培养孩子一个好习惯，给孩子一生的幸福；纠正孩子一个坏习惯，给孩子一生的财富！成功的素质教育从培养孩子的好习惯开始！

培养高素质的孩子是每一位家长的希望。家庭是孩子成长的摇篮，父母是孩子的第一任老师。特别是在孩子的早期教育中，正确的家庭教育可以为培养孩子的高素质打下良好的基础，它起着学校教育难以起到的奠基作用。

目录

MULU

第 1 章

“口”下留情

第 2 章

穿出环保

第 3 章

保护环境，从起居开始

第 4 章

行走的力量

第 12 章

变废为宝，循环消费

第 13 章

增强环保意识

不要过度食用肉类

随着生活水平的提高，餐桌上的肉越来越多，加上运动量不足，过度摄入的脂肪、蛋白质、糖，都会转化为脂肪堆积在体内。尽管发胖可能有许多原因，但过度吃肉肯定是导致发胖的一个重要原因。超出正常需求的肉类不仅造成身体和心理的负担，还增加了对环境的破坏和污染。多吃肉就要养更多的家畜、家禽，耗费更多的资源，饲养场中大量的家畜家禽粪便还污染地下水源。1 公斤的猪肉要 7 公斤的谷物来转化。谷物生产要占用大面积的耕地，要投入农药、化肥、能源等，生产 1 公斤牛肉消耗的水资源是 1 公斤面包的 25 倍，过度放牧牛羊还是造成全球荒漠化的最主要原因之一。建议对肉类的消费要节制和适度，不要既给环境造成压力，又给自己的身体造成负担。

不要过度食用肉类

倡导食用有机食品

有机农产品是纯天然、无污染、安全营养的食品，也称“生态食品”。生产有机农作物的主要条件：一是清洁的水和空气；二是合格的土壤，通常，这片土壤要在3年内绝对不受化学肥料、农药和除草剂的污染；三是有机的种子，有机种子比普通种子强壮，还有更强的抵抗力以抵御病害、虫害、草害；四是有机的肥料，包括绿肥、农家肥、动植物残体等。选择有机食品是在保护我们的身体，也是在保护我们的大自然。

倡导食用有机食品

点餐要适度 剩餐要打包

无度点餐造成的浪费极其巨大。据一位星级酒店的经理介绍，该店除了餐饮加工过程中必然产生的垃圾外，其余七成餐饮垃圾是从餐桌上撤下的剩饭菜。在这些垃圾中，又有七成是完全可以消费的食物。很多公款消费，更是点餐无度，有时所点的菜还没上齐，客人就已经吃完走人了。因此，当你呼朋唤友觥筹交错时，千万要记住适度点餐，剩餐打包。

点餐要适度　剩餐要打包

节约粮食
最光荣

我国人口已超过 12.5 亿，每年的净增长是 1200 万人；人均耕地面积 1.2 亩，是世界人均值的 1/4；目前耕地面积正以每年 30 多万亩的速度递减；全国 40% 的城市人口消耗的粮食依靠进口。乱占耕地、挖沙、土地质量下降、荒漠化等种种现象在蚕食着耕地。现实绝对不容乐观！！浪费是一种可耻的行为。尽量减少对生态环境的压力已经成为一种新时尚，成为新时代人应该具备的一种品质：吃饭时吃多少盛多少，不扔剩饭菜；在餐馆用餐时点菜要适量，而不应该摆阔气，乱点一气。吃不完的饭菜打包带回家。

图解 TUJIE

节约粮食最光荣

尽量当季消费，减少反季节消费

反季节蔬菜和水果是人们利用人为制造出的温度、湿度、土壤等环境条件种植出来的。反季节蔬菜水果满足了人们的口味，却要付出沉重的环境代价。由于温室大棚内温度、湿度较高，且常年不通风，病虫害严重，菜农们只好大量喷洒农药。温室内连续种植相同的蔬菜，产量会明显下降，致使菜农们常常施加高达推荐量2～5倍的化肥。为了提前上市，往往不等蔬菜成熟就开始采摘，再借助生长激素在运输和销售过程中“催熟”。这使得许多反季节蔬菜的生产和消费既污染环境又有害健康。传统中医认为，违背了春生夏长秋收冬藏的寒热消长规律，会导致食品寒热不调，气味混乱，建议人们最好多吃当季当地的蔬菜和水果。

图解 TUJIE

尽量当季消费，减少反季节消费

尽量减少冷冻食品消费

尽管冷冻食品给人们带来了巨大方便，但是增加了能源消耗，加重了地球的生态负担。据统计，冷冻食品通常比它们的新鲜状态需要多耗费超过10倍的能量。冷冻和冷藏食品也是发展中国家电力消费增长最快的一项支出。许多家庭的冰箱越来越大，冰箱中存放的东西往往长期轮不上食用。这样不仅食物的新鲜和营养大打折扣，还增加了滋生致病菌的机会。不仅浪费能源，还对健康不利。我们提倡减少冷冻食品消费，提倡减小冰箱容积，少存放冷冻食品。

尽量减少冷冻食品消费

尽量少吃口香糖

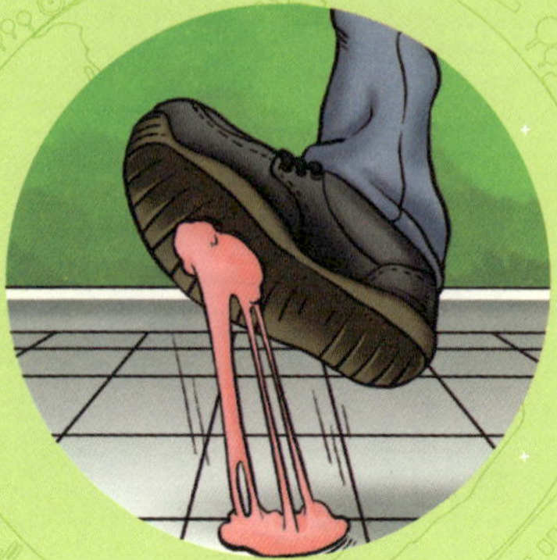

作为一种休闲食品，口香糖固然有很多可爱之处，但是近年来在一些发达国家，口香糖的名气却开始臭了。原因很简单：口香糖入口时爽口，“出口”时却只会让人恶心。更要命的是，口香糖吐在地上后形成的残迹难以清除、难以降解，给环卫工作添了很多麻烦。在神圣的北京天安门广场，口香糖残迹就像一摊摊鸡屎，搞不好还会粘在游人的鞋上。新加坡将对胆敢在公共场合吃口香糖的人将被处以高额罚款。现在中国还没有对口香糖消费采取什么限制措施，但任何一个关心环保的人都应该对口香糖说“不”，至少在吃口香糖时不要出口成“脏”。

图解
TUJIE

尽量少吃口香糖

尽量少用
罐装食品和饮品

消费者们正以日益上涨的速度饮用啤酒、汽水、瓶装水和其他装在一次性容器中的饮品。为了盛装饮品每年制造和扔掉了至少2万亿个瓶子、罐头盒、纸箱和塑料杯。美国是罐装饮料的头号消费者，美国以罐头的形式扔掉的铝几乎比其他7个发达国家为各种目的所消耗的铝还要多。在日本，制造饮料罐是增长最快的使用铝的行业。可见包装饮料和罐装食品消耗了大量的能源和资源。我国此项消费起步较晚，希望国人在引进发达国家先进技术的时候不要效法这种已经证明为有害的消费形式。

尽量少用罐装食品和饮品

拒绝食用燕窝

燕窝乃是东南沿海的一种叫金丝燕的鸟，用唾液拌海藻筑成的巢。当人把新婚之燕辛勤筑就在岩壁上的“产房”撬走后，它们便无家可归、无处产卵。金丝燕的繁殖季节在每年的12 月至次年 4 月，这时，它们喉部的黏液腺发达，首次所筑的巢质量上乘，这个巢被采摘后，金丝燕为孵卵栖身，只得再次筑巢。由于雏燕产期临近，加之没有先前那么丰富的分泌液了，只得啄下自身的绒毛混合一些唾液筑巢；倘若这次的燕窝再被采摘，为了繁育后代，它们不得不三筑其巢，此时的分泌物更为稀少，身上的绒毛也不多了，只好寻找一些植物纤维、海藻做替代物……而人们对燕窝的采摘至少都在三次以上，甚至赶走雌燕，捣碎燕卵，采集正在用于孵化的燕窝。人们如此苦苦地、一而再、再而三地干扰人家的繁殖和剥夺人家的生育机会，难道不觉得自己是在干缺德事吗？另外，从营养学分析可知，燕窝所含成分与鸡蛋、豆腐等的营养成分不相上下。因此，应该拒绝食用燕窝。

拒绝食用燕窝

拒绝食用野生动物

蓝孔雀在印度等国被奉为仙鸟，神圣不可侵犯，可在我们这里，却成了餐厅中的一道菜。有的人还将孔雀放在餐馆前用以招揽顾客、现宰现吃。对美丽的孔雀尚且大吃大嚼，对蛇之类面貌“可憎”之物更是格杀勿论。中国每年被食之蛇不下 6000 吨，吃蛇风横行导致鼠类失控，全国城乡至少有鼠 30 亿只，每年因此损失粮食 150 亿公斤，相当于全国人口粮食食用量的总和。生态的失衡进一步导致粮食的减产。吃野味者自古就被称为饕餮之徒，一些人还不以为耻、反以为荣，将其当做权势、财富，身份的象征，什么猴脑、熊掌、鹿鞭、娃娃鱼、穿山甲……无所不吃，既违法、缺德又有失人格风范。一切文明之士都应拒食野味。

拒绝食用野生动物

拒绝食用鱼翅

鲨鱼生长缓慢，9 ~ 12 岁性成熟，繁殖方式有卵生、卵胎生、胎生 3 种，大部分鲨鱼孕期长达20个月，每次生产仅有数十条。鲨鱼的生育速度远远赶不上人类的捕杀速度。鲨鱼作为海洋食物链中不可或缺的一环，过量捕杀会导致渔业资源整体的损失。过去鲨鱼难捕，且因鲨鱼体内尿素含量高，易腐臭，须尽快处理，加上鱼翅加工、烹调过程繁琐，故而昂贵。其实，鱼翅本无味，美味的感觉完全是油盐酱醋和各种香料烹调的结果。干鱼翅所含的成分主要是一些人体较难吸收的胶原蛋白，而由于鲨鱼处于海洋食物链顶端，重金属的富集作用十分明显，鱼翅中浓度过高的汞含量，易使摄入者的大脑和神经系统受到伤害。利弊分析得知，吃鱼翅不如吃鸡蛋、花生更有营养，更利于健康。

拒绝食用鱼翅

少吃或不吃含添加剂食品

食品添加剂指：“为改善食品品质和色、香、味以及为防腐、保鲜和加工工艺的需要而加入食品中的人工合成或者天然物质。”我们的一日三餐中很难完全避免食品添加剂。以面包为例，其中可能添加的有面粉氧化剂、乳化剂、防霉剂、酵母营养剂、酶制剂、营养强化剂、色素、香精等，涉及的化合物最多可达20种。即使馒头、包子、面条等里面可能也会有面粉氧化剂过氧化苯酰、中和面团用的碳酸氢钠(小苏打)和谷氨酸钠(味精)等。如果吃油条的话，还会有明矾。

专家说，食品添加剂若为国家允许使用的品种，剂量和范围也符合规定，正常情况下并不会对身体产生明显危害。尽管如此，少吃含有添加剂的食品还是必要的。最保守估计，我国约有50万食品生产加工企业，多为小型企业，容易出现食品添加剂超范围或超量的问题。有些方法可以减少添加剂的摄入，如买原材料回家自己做，少喝饮料多吃水果，少吃深加工食品，尽量不吃路边摊上的烧烤、熟肉等。

少吃或不吃含添加剂食品

不穿戴野兽毛皮制作的服装

有这样一个故事：一个女孩的母亲买了件狐皮大衣，却引起女儿伤心的联想，因为书上说，母狐每胎产约 5 ~ 8 只幼狐。她便作了一幅画，画上有一群可怜巴巴的小狐狸张着大嘴向女孩哭诉：你妈妈为了穿裘皮大衣，把我们的妈妈杀了！后来，这幅画被选入国际儿童环保绘画比赛，组委会特为它印制了海报。海报上有一行醒目的大字：你的妈妈穿了一件裘皮大衣，100 多只小野兽却失去了妈妈！全球很多文明国家都开始抵制兽皮服装，这是人类生态道德意识觉醒的表现。

不穿戴野兽毛皮制作的服装

不穿用羊绒制品

羊绒衫的原料来自于绒山羊，而绒山羊因喜食草根，对草原的破坏是毁灭性的。织一件羊绒衫，每年至少要消耗 10 ~ 15 亩草地。据统计，全世界山羊绒年产量为 1 ~ 1.2 万吨，而我国产绒量约占世界产绒量的 70%。羊绒产业发展的第一动力来自于消费。受广告和一些生产商片面宣传的影响，很多消费者都把穿戴羊绒制品当作一种时尚，而对羊绒制品消费间接造成的生态问题一无所知。少穿或不穿羊绒衫，都是保护草原、防治沙漠化的实际行动。在您选购衣物时，自觉地抵制羊绒制品，就是一个不小的善举。

不穿用羊绒制品

不过分追求穿着的时尚

尽管生产服装和鞋子之类的生活用品比不上重工业对地球产生的损害大，但为市场提供流行样式也的确导致了一些生态影响。如棉花种植者是世界上最大的农药和水的使用者之一，一些毛料和皮革来自过度放牧地区的牲畜，并且纺织厂常常使用作为危险品登记的工业染料。至于合成纤维，它主要来源于石化工业，不仅穿起来舒适程度要差一些，而且对环境的损害也更大一些。如合成纤维的原料——石油，是远古时动植物所吸收和集聚的太阳能，是一种不能再生的能源；在生产合成纤维的过程中，需要一系列的化学反应和非同一般的高温燃烧，会污染空气或水源；合成纤维在使用丢弃后，因为难以降解，还会给环境造成压力。因此，我们不要过分追求穿着的时尚、频繁淘汰服装，以减轻对环境的压力。

不过分追求穿着的时尚

养成爱护小区周围绿化的好习惯

小区的绿化以植物为主，能净化空气、减少尘埃且吸收噪音，同时也有利于改善小气候、调节气温、降低风速，而在炎夏静风时，由于温差而促进空气交换。婀娜多姿的花草树木，丰富多彩的植物布置，以及少量的建筑小品、水体等的点缀，使小区建筑群更显生动活泼。在良好的绿化环境下，小朋友们能在就近的绿地中玩耍、活动，有利于身心健康，因此，保护好自己家小区的绿化，不要摘花折草是很有意义的事情。

养成爱护小区周围绿化的好习惯

倡导利用太阳能

太阳能特别适于在水的沸点或低于沸点时供热，可以利用太阳能为建筑物供暖、把水加热以及烹调食品等；对建筑物的设计或朝向进行少许修改就可以利用更多的太阳能。新型建筑物若注意用太阳能采暖和制冷，它对普通能源的需求将可以削减 80% 以上。太阳能的直接转换可能成为未来世界能源系统的基石。太阳能经济比目前以石油为基础的经济更强大、更稳定、更少污染。对发展中国家而言，广泛应用太阳能意识和体系的建立是摆脱矿物燃料对其经济和环境制约的惟一出路。日常生活中，我们可以尽量利用太阳能取暖，利用太阳灶、太阳能电池等。

倡导利用太阳能

搬入新居前要注意室内污染

谁都愿意搬入新居，但是新装修的房屋中存在危害健康的隐患：氡气——存在于建筑材料中，易诱发肺癌；石棉——强致癌物质，存在于防火材料、绝缘材料、水泥制品中；甲醛——常见的室内污染物，易引起皮肤敏感、刺激眼睛和呼吸道，存在于家具黏合剂、海绵绝缘材料、墙面木镶板中；挥发性有机物——苯等，存在于装修材料、油漆、清漆和有机溶剂中，多具有较大的刺激性和毒性，能引起头疼、过敏、肝脏受损，甚至导致癌症。因此，养点绿色植物、开窗通风等方式，能减少室内污染。

搬入新居前要注意室内污染

少用或不用室内杀虫剂

二战期间，诺贝尔奖获得者穆勒发明了农药滴滴涕，这种药品曾经帮助人类克服了很多自然灾害和疾病的蔓延，然而它因毒性、高残留性，在生物圈中循环，破坏生态平衡，破坏人的神经系统，导致癌症，诱发多种病变，成为人类健康和生态系统的重大隐患。虽然现在我们已经停止使用这种药品了，但是历史的教训应该使我们警醒。现在使用的杀虫剂也不是百分之百安全的，经常含有镉、铅、砷、汞等重金属元素和有机氯、苯等有毒物。散布于空气中时，镉损害呼吸道、肺、肝、骨骼；砷伤害皮肤和呼吸道；挥发性喷雾剂多具有刺激性，含有致癌物质，损伤内脏，引发呼吸道疾病。特别是在密闭的室内，这些污染物还会富集和残留，浓度越来越大，严重损伤居住者的健康。不要在杀死虫子的同时伤着自己——请慎用室内杀虫剂。

少用或不用室内杀虫剂

提倡购买绿色产品

绿色产品指自身未受污染，且其生产过程也未对环境产生破坏的产品。消费者具有选择的权利，也就具有了间接配置经济资源的能力。如果消费者转向了绿色消费，在市场竞争条件下，生产者就必须根据消费者的投票意愿，调整劳动力和生产资料的使用，调整投资的方向和数量，并且研究如何节约资源，降低生产成本，以最大限度地降低环境损害。因此，如果消费者都购买保护环境的商品，就能使厂家不去生产对环境有破坏作用的产品；反之若购买不利于环境的商品，就是支持现在仍然采取对环境有害的方法进行生产的厂家。而环境与我们每一个人相关，所以请优先购买绿色产品。

提倡购买绿色产品

提倡用自然风和扇子降温

目前，很多发达城市空调耗电已经占到夏季电力高峰负荷的 40%左右。而且，空调还把热量散发到空气中，加剧了城市热岛效应。建议一般情况下尽量使用自然风、扇子和电扇，既环保、节电，又健康；实在需要开空调，请不要低于 26 摄氏度。把空调设定在 26 度是人体对环境的舒适感以及减少空调耗电的一个平衡点。高于 26 度时空调耗电更少，但人体的舒适感较差，低于 26 度时人体舒适感好，但空调耗电多。据测算，空调设定温度调高一度，可以节约用电 5% ~ 8%。

提倡用自然风和扇子降温

倡导步行和骑单车出行

提倡使用自行车和公共交通系统——在限制轿车生产的同时，加速扩大自行车的生产——对世界各地的人们都是大有好处的。由于对空气污染、交通堵塞、二氧化碳排放和土地缺乏等等的担心，以及在今后几年粮食短缺形势的严峻，自行车将因其节省土地和稳定气候的长处而更受欢迎。特别是当距离不是很远，或时间不是很紧的情况下，步行除有利于环保外，更有利于身心的康健和调适。

倡导步行和骑单车出行

倡导选择乘坐公共交通工具出行

美国洛杉矶的居民，在1943年发现空气中有一种微白的薄雾，有时带有黄褐色，刺激人眼疼痛和流泪，这种薄雾日趋严重，但直到10年后才找到真正的祸首——汽车。1955年和1970年洛杉矶又两度发生光化学烟雾事件，前者有4000多人因五官中毒、呼吸衰竭而死，后者使全市3/4的人患病。汽车排放的废气，在每年5－10月份的强烈阳光作用下，形成光化学烟雾，引起眼病、喉头炎和头疼，还降低了大气能见度，使车祸和飞机坠毁事件增加。如今，汽车废气的治理已取得相当的成功，但数量的急剧增长，使汽车仍是城市大气污染的主要来源。据报道，近年国内某些大城市也出现过光化学烟雾污染。不仅如此，制造汽车的过程中也要消耗自然资源，也要排放污染物，汽车还产生噪声等危害。而且日益增加的汽车给城市交通造成重大压力，造成交通拥堵。这些都严重地困扰着我们的生活，而解决的办法之一就是少乘小汽车，提倡乘坐公共汽车。

倡导选择乘坐公共交通工具出行

养成孩子室外锻炼的好习惯

户外运动主要有以下三大好处：一是看风景。离开了满是高楼大厦的城市，怀着恬静的心情步入大自然的怀抱，看到的是蓝天白云，青山绿水，一眼望去，一片生机盎然的景象；二是锻炼身体。户外运动是一项特殊的体育运动，它所消耗的体力和精力均较大，是一种比较好的强身健体的方式；三是心情好。户外运动可以使人心胸开阔。

养成孩子室外锻炼的好习惯

旅游时自备水具

郊游和远足时，人们经常自带或在外面随时购买瓶装的矿泉水或纯净水，这样，虽然很方便，但却会增加许多资源和环境的浪费，如需要生产更多的塑料瓶、需要有更多的运输成本，甚至会对一些水源地带来危害，还会带来更多的垃圾。比较环保的做法是，自己准备饮水和水具，例如，自备一个随身携带的水壶或可多次使用的水瓶，既环保，又节约。在野外遇到有洁净而且符合饮用标准的天然泉水或溪水时，还可以随时灌装饮用。这也是一种简朴生活方式在野外出行时的自然体现。

旅游时自备水具

选择小排量汽车，开车低耗能

近年，能源供应面临新的形势和要求：一方面，能源消费持续增加；另一方面，能源资源相对匮乏。上个世纪末中国就已经成为石油净进口国，能源对外依存度较高，平衡供应和安全保供的压力日益增大。可是，在现实的出行上，消耗却日益增长，盲目追求“大排量”出行，攀比、奢靡之风盛行，导致 SUV 等大排量大行其道。我们应秉承“以艰苦奋斗为荣，以骄奢淫逸为耻”的社会主义荣辱观，选择“小排量”，低耗能出行。

选择小排量汽车，开车低耗能

培养孩子独立上学的习惯

让子女自己走路、骑车或乘公交车去学校，是一种良好的传统，这有助于培养孩子的独立性，增强其吃苦耐劳的良好品质，也可以增加锻炼身体的机会。而坐家长的车上下学，还会增加能源的消耗和空气的污染，带来道路的拥堵，还使孩子养成不好的习惯和意识。

除非必要，家长最好不要开车接送子女上下学，学生也应说服爸爸妈妈，自己做好自己的事情。

图解 TUJIE

培养孩子独立上学的习惯

不要过分包装

生产包装需要耗费大量的金属、玻璃、纸张和塑料，这些包装品一次性用完后却变成了垃圾。美国食品包装垃圾的重量是家庭垃圾的一半，用于包装的开支与农民的纯收入相等。非常遗憾的是我国废弃物回收率很低。纸的回收率欧共体是26%，我国是15%；塑料的回收率日本是26%，我国是9.6%；铝罐的世界平均回收率是50%，我国是1%。这样既造成了巨大的浪费，又造成了严重的污染。完全拒绝包装是不可能的，但我们可以做到拒绝多重包装，拒绝过分的和豪华的包装，不买包装豪华又繁缛的食物或用品。在一些国家，过分包装的商品已是一种落伍，会遭到消费者的抵制，而在我们的周围，对过分包装行为的抵制尚需要大家的共同努力。

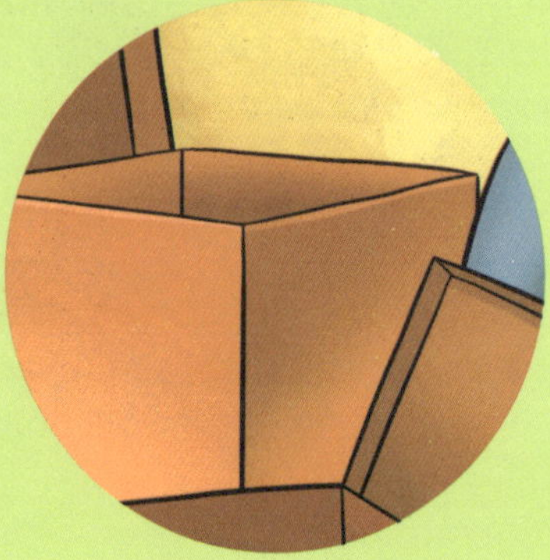

不要过分包装

节假日理性消费

节假日往往是各类消费纠纷的高发期，促销中的价格陷阱不同程度地存在；二是，盲目消费会带来巨大的浪费和环境影响。特别典型的是圣诞消费。消费主义逐渐瓦解了圣诞节原有的宗教气息，而使其成为全球最大的消费狂欢节。英国约克大学的研究人员估计，从平安夜到圣诞节次日的节礼日这 3 天假期，英国人在食物、旅行、照明和礼物方面的大量消费导致的人均二氧化碳排放量达到 650 千克，这相当于平常日子 20 天的排放总量。英国环境、食品和农村事务部说，如果英国每年圣诞期间产生的垃圾中所有能够回收利用的物品都得到了回收利用，相当于减少二氧化碳排放 35.2（万）吨，由此节约下来的能源足够让圣诞老人在平安夜坐飞机绕着地球飞 6.45 万圈。可见节日消费的环境影响不容忽视。

节假日理性消费

挤干净剩余牙膏、洗面奶

我们可能都有这样的经验，牙膏快用完了，虽然买了新的，可是旧的挤呀挤呀，总挤总有，常常能够延用一个星期不止。这时有人会嫌麻烦，如果你有了环境资源意识，你就会为自己所做的这件节约资源的小事而感到得意。一粥一饭常思来之不易，一丝一缕恒念物力维艰。这是祖先留给我们的至理名言，作为中国人，敬天惜物，惜福节俭乃是我们传承了几千年的美德，在生活改善、收入增加、物质选择丰富的现今，更应恪守这种美德，奢与俭的选择，不是有没有钱的问题，而是有德没德的问题。

挤干净剩余牙膏、洗面奶

尽量使用大瓶、大袋装物品

商品的过分包装，加重了供养人们的自然界的生态负担和消费者的经济负担。据统计，在工业化国家，包装废弃物几乎占家庭垃圾的一半；包装工业在英国使用了5%的能源，在德国使用了40%的纸张，在美国使用了将近1/4的塑料。在美国，消费者对食品包装的开支一般达到甚至超过了农民的纯收入。并且许多包装纯粹是装饰性的，而人们为此却要付出沉重的环境代价，如将只能保存一个星期的西红柿和青椒装进能持续一个世纪的发泡塑料盘中出售。近来，我国的商品市场也讲究起这种包装来了。我国人口众多资源匮乏，更不能提倡这种包装方式。而选用大瓶、大袋装食品，一方面可以减少消费者个人因包装而增加的经济负担，更减少了因过度包装可能带来的环境损害。

尽量使用大瓶、大袋装物品

教育孩子要学会感恩老师

要培养孩子从小学会感恩，感恩父母、感恩自己的老师。为了孩子们的学习和生活，老师们不仅付出耐心和爱心，还要把学校里发生的事情嘱咐给家长，而且老师们的安全责任很重大，就怕孩子们有个闪失，心理压力非常大。因此，教育孩子理解老师的辛苦，从小学会感恩别人。

图解
TUJIE

教育孩子要学会感恩老师

使用物品要“集约”

集约使用是节约资源的好办法。比如，许多汽车只偶尔使用，平均每天只用 1 小时，然后在余下的时间里就放在保养处或停车场。这样的车就完全可以供多个驾驶者使用，或以传统的商业租赁之法，或以非经济目的“合伙使用”。合伙使用已经开始发展。出于同样的逻辑，为减少不动产建设费用，一些企业开始放弃使用传统的办公室，而代之以实行由偶尔需要办公室的职员共同使用的制度。物质财富的集约使用，要求企业实行一种从未采用过的战略。通俗地讲，就是比注重销售产品本身更注重销售服务、使用和满意。消费者购买的不是一架飞机，而是一次飞行行程；不是一部电梯，而是升降的移动服务；不是一辆公共汽车，而是一段行程；不是复印机而是复印的功能等。

使用物品要“集约”

教育孩子不购买过多的同类玩具和用品

现在物质生活越来越丰富，同类的产品和玩具让人眼花缭乱、无从选择。从小要教育孩子正确对待玩具和用品的种类，引导孩子注意玩具和用品的功能，而不是太多的关注玩具和用品的形式或者样式。可以根据实际需要来购买，而不是见到玩具和用品就买。一方面，什么东西都有过时的时候，现在流行的，过一阵就不流行了；另一方面，太多的玩具或者用品也会需要很大存储空间，从各方面讲都是不合算的。

培养孩子识别物品的功能是防止孩子要求购买过多同类玩具和用品的关键。同时，家长也要身体力行，不给孩子浪费的实例。

教育孩子不购买过多的同类玩具和用品

提倡简朴生活，反对奢侈浪费

人对物质享受的追求似乎是无止境的，我们不应该把拥有多少住房、开多好的汽车作为幸福的标准，不应该盲目消费，不应该浪费。也许正是由于现代人的虚荣心，才给我们的生存空间造成了巨大的压力。如果我们给子孙后代留下的只是一个千疮百孔的地球，那我们就真的要遗臭万年了。如果我们自己都做不到简朴生活，又怎能要求别人简朴呢？所以我们应该把简朴和适度作为生活的新时尚，让人们都来追求这种时尚，而不是去盲目攀比享乐和浪费，用新的消费和生存观念来减轻我们对环境的压力。

提倡简朴生活，反对奢侈浪费

不用时关闭饮水机

饮水机这个隐藏在家庭角落里的家伙原来是个“电老虎”。让饮水机处于保温一加热一保温这种连续启动的工作状态 24 小时，功率在 600 瓦的冷热两用饮水机就会耗电 1.5 度 ~ 1.7 度。也许有人会说一天耗电 1.5 度，也不高啊？殊不知，市场上的节能冰箱日耗电只有 0.4 度 ~ 0.5 度，而饮水机的日耗电量是节能电冰箱日耗电量的 3 倍以上。如果饮水机只是在想要喝水之前打开，用完马上关掉，相比 24 小时加热，可节电 80%以上，同时也减少因饮水机而产生的二氧化碳排放 400 千克 / 年。倘若每一个拥有饮水机的家庭都能如法炮制的话，其环境效益是相当可观的。

不用时关闭饮水机

多爬楼 少乘电梯

电梯的耗电量已经成为城市用电的新的增长源，电梯已成为仅次于空调的电老虎。为了节省电的消耗，建议大家多爬楼梯。爬楼健身始于20世纪70年代的英国和美国，他们平均每10个人中就有一位是爬楼爱好者，还成立爬楼健身协会。久坐办公室的人多半有腰背不适、颈肩不适等毛病，而少乘电梯多爬楼能有效地提高人的心肺功能、骨骼密度和平衡协调能力。据运动医学家测算，人每登高1米所消耗的能量，相当于散步28米的耗能。经常爬楼还有益于减肥。

多爬楼少乘电梯

节约用电，随手关灯

电灯所消耗的电不管是来自水力、核能还是火力，都是以重大的环境和资源代价换来的。水电设施改变了江河的生态状况；核电站输出核废料；火电燃煤产生大量的有害气体和粉尘，污染了大气，危害了人类的身体健康，导致了酸雨，增加了全球范围的温室效应。自工业革命以来，人类燃烧了大量的煤炭，这是大气中二氧化碳含量提高30%的主要原因。全球气温的提高是我们每个人都能感觉到的。温室效应使南北极的冰山融化，海平面上升，气候异常，导致一系列生态和社会危机。所以说我们消耗的电能不是洁净的，也不是无穷无尽的，而是有限的，对环境造成巨大的压力。我们对电的依赖非常强，我们应该节约用电，避免不必要的浪费。你可能以为关一盏灯节约不了多少电，可是如果我们大家都随时注意这一点，节电的效益就很可观了。

节约用电，随手关灯

尽量手洗小件衣物

据资料显示，我国洗衣机的耗水量在家居生活用水中占到了 1/4 左右，我国洗衣机用水水平总体上相当于国外 20 世纪 80 年代的水平，以一台额定洗涤容量为 5.0 千克的全自动波轮洗衣机为例，其完成一次标准洗涤全过程的用水量在 140 升以上，而日本同类产品仅为 120 升。长期以来我国不少洗衣机生产厂家不按有关标准生产，导致许多洗衣机不仅耗水量大、耗电量也高，洗衣机使用的电机效率大都在 30% ~ 40%之间，远低于国际水平。我国人均水资源占有量仅为世界平均水平的 1/4，而水消耗量却十分巨大，像北京的人均耗水量是世界平均水平的 4 倍。因此，小件衣物尽量用手来洗，可以减少洗衣机的耗水量、耗电量。同时，可以使所洗涤的小件衣物更干净，还可以锻炼我们的双手，和水多一些亲密接触。

尽量手洗小件衣物

提倡使用节能型灯具

在改善照明技术的过程中，白炽灯比蜡烛发光效率高70倍，寿命长100倍；比油灯效率高20倍，同时提供更高质量的照明。最新节能照明产品——小型荧光灯比白炽灯效率又高3倍，寿命长9倍，而且发出的光的亮度相当。和白炽灯一样，小型荧光灯降低了照明成本。在美国，小型荧光灯的照明成本仅为白炽灯的一半，即使减去灯本身的成本(约20美元)，用小型荧光灯代替白炽灯，也能节省30美元。目前全世界使用着大约5亿个小型荧光灯。如果同时使用的话，节约的电能相当于28座大型火力发电厂的发电量——约2.8万兆瓦。除此之外，使用节能灯还可通过减少耗电量减轻由能源使用导致的环境副作用。如气候变化、酸雨和煤炭燃烧时产生铅、砷等有毒金属。同时，使用电能涉及发电、送电，用电以及大型设施的建设和维护，所有步骤都会产生废物。据估计，在美国，一支节能型的小型荧光灯最终将少产生90公斤固体废物。我国素有节电传统，应该发扬光大。

提倡使用节能型灯具

办公室里要节水

有人调查发现某机关一办公室每天打四暖瓶开水，第二天早晨要倒掉一瓶多。这个机关一共有 62 个办公室，一年倒掉的水约达 38 吨。

我国是一个水资源紧缺的国家，人均水资源占有量仅为全球平均水平的 1/4，北京更是一个干渴的都市，全市人均水资源占有量相当于全球平均水平的 1/30。全国各地，水资源浪费现象普遍存在。树立节水意识，杜绝一切水资源浪费现象是直接关系到我们民族未来的生存与发展的大问题。节水建议：一是要精打细算，喝多少水打多少水；二是集中回收，准备一些洁净的容器将喝剩的水集中起来再作它用（浇花，洗抹布、墩布等）；三是采用电热水器，喝多少接多少。应当说，这几条建议都是不难办到的。

办公室里要节水

倡导节约型水具

我国是世界上 12 个贫水国之一，人均淡水资源不到世界人均水平的 1/4。全国 600 多个城市半数以上缺水，其中 108 个城市严重缺水。地表水的稀缺又造成了地下水资源的过度开采，很多城市因此而形成地下漏斗，而且污水倒灌还造成了地下水源的全面污染。所以节水对我们来说非常重要。除了要做到随手关闭水龙头、一水多用，杜绝浪费之外，还应使用节约型水具。我们普通的水管用不了多久就会损坏，或出现跑、冒、滴、漏等现象，浪费大量的水资源。有许多办法可以节水，比如水龙头用陶瓷的，厕所水箱放块砖，洗澡热水器用淋浴小喷头等等，有能力者还可以自己制作节约型水箱。所以我们提倡使用节约型水具，在生活的细节中使有限的资源发挥最大的效用。

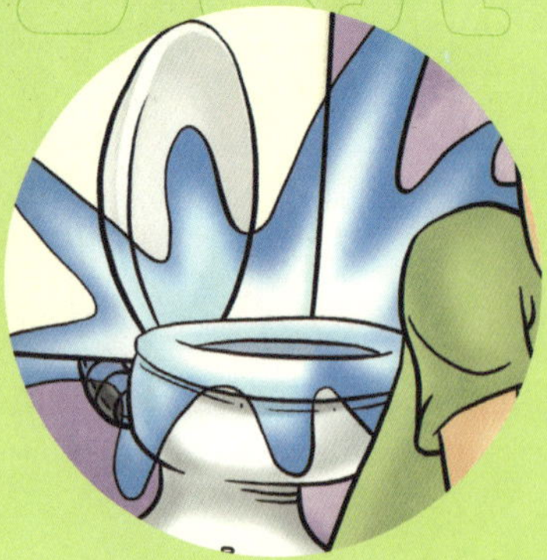

倡导一水多用

近年，我们大部分人已对缺水的状况有所体会，我们已面临着严重的水资源危机。据统计，目前我国每年因缺水造成农业大幅减产，工业损失约2000亿元。既然水源如此缺乏，我们就应该养成节约用水的好习惯，尽量做到一水多用。日常生活中我们可以摸索出很多一水二用或者多用的办法。洗菜、淘米水可以供家畜饮用，洗衣服的水可以用来拖地、冲厕所。洗脸水可以用来洗脚，然后再冲厕所等。国外一些环保型建筑，能把落在屋顶上的雨水收集起来，再用于浇花或清洁房间……这样的方法还有很多，只要我们有了节水意识，还能想出更多的好办法。让我们一起实践吧！

倡导一水多用

尽量不过于频繁地洗澡

由于生活条件的提高，有些人养成了频繁洗澡的习惯，好事就变成了坏事。比如在干燥的冬季，每天洗澡很容易破坏正常的皮肤结构。人的皮肤最外面是角质层，每天洗掉这部分，其保护皮肤的作用就会失去，皮肤就会干燥、瘙痒。头发也不宜天天洗，以免头发因缺乏油脂而变干变黄。常用过热的水洗脸洗澡，还会加速皮肤老化。

从环保的角度来看，频繁洗澡浪费水资源，成年人每洗澡一次，大约需要消耗淡水资源 0.5 立方米，如果每天洗一次澡，那么一生要消耗宝贵的淡水资源约 1500 立方米。洗澡水进入下水道，对环境具有毁灭性破坏，国外有人计算过仅需要 10 立方米的这种致命污水，就可以永久性地毁灭 100 平方英尺的良田。洗澡还会污染大气，因为洗澡需要消耗电力，而发电过程中会产生二氧化碳、二氧化硫等有害气体。为了地球和人类的未来，少洗几次也不妨。

尽量不过于频繁地洗澡

随手关好水龙头

生活中，我们经常会见到滴水或用后不关的水龙头。也许很多人认为这流不了多少水。先让我们来做一个小实验，用一个量筒在滴水的龙头下接，15分钟就可接上200毫升水，换算成每天是近20升，每年就是7000多升。全国有成千上万的水龙头，加在一起可不是个小数。我们的淡水资源是极其有限的。虽然地球表面有71%以上的面积是水，总计约有13.85亿立方千米，但其中有97.2%是不能利用的咸水，2%是两极和高山的冰雪以及难以利用的淡水，真正可以供人类利用的淡水资源仅占全球水量的千分之一。全球每年的淡水使用量在不断增加，拥有全世界40%人口的80多个国家和地区缺水，约有10亿人喝不到纯净水，因饮用不洁净水死亡的人数在发展中国家每年有1000万。如此紧缺的淡水资源还在被浪费和破坏着。水是生命之源，珍惜水资源就是珍惜人类的未来。让我们从身边做起，在用过水后、洗手洗澡打肥皂和洗碗间歇时，随手关闭水龙头。

随手关好水龙头

不吸烟，劝别人戒烟

据有关吸烟副作用的研究，在30多岁的人群中，吸烟者心脏病发病率比不吸烟者高5.3倍，在40多岁的人群中，吸烟者的心脏病发病率比不吸烟者高3.7倍。据世界卫生组织计算，吸烟者平均寿命不到70岁，比预期寿命少22年。另一项研究发现，中年以后，吸烟者的面部皱纹比不吸烟者多1～2倍。吸烟还可导致肺癌等多种疾病。之所以工业化国家的人数高于发展中国家，是因为发展中国家大规模吸烟开始得较晚。近年来，受经济增长刺激，发展中国家的香烟消费逐年增加。据信，当发展中国家人口开始吸烟和疾病出现之间的过渡时期过后，每年因吸烟死亡的人数将达到1000万人。

不吸烟，奉劝别人戒烟

尽量室外健身

现在越来越多的人利用健身器在室内锻炼身体。健身器主要为铁制品，表面喷塑，或以塑料(硬聚氯乙烯)在器材表面包裹。专家认为，聚氯乙烯中通常含有铅、镉、邻苯二甲酸盐等对人体有害的物质，有的甚至是致癌物；而且，室内再怎么打扫，可吸入颗粒物及其他有害气体一般也远高于室外。其实，细想一下，许多环境问题，根源在于我们违背自然规律的行为，在于我们经不住广告的诱惑，盲目追求时尚、贪图生活便利。人类是大自然的一部分，回归自然的生活，既有益自身的健康，也保护了大自然。而且，健身器的生产和运输，也需要消耗资源，还会产生环境污染。

尽量室外健身

拒绝乱扔烟头

小小的烟头对环境的危害就挺可怕。一方面被人随意扔在路边的烟头最后往往会被风吹进下水道，进而会污染水源；另一方面，乱丢未熄灭的烟头还会引起火灾，造成更为严重的环境后果。1987 年 5 月发生在大兴安岭的那场特大森林火灾，就是因为一个被人丢弃的烟头引起的。一个小小烟头不光毁了万顷林海，还让整个东北亚地区饱受了长时间的大气污染之苦。如果您现在还在吸烟，那么请接受我们的两条忠告：首先最好尽快戒烟；第二，不要乱丢烟头。相对于第一条来说，第二条应该说很容易做到。

拒绝乱扔烟头

教育孩子不歧视任何人

家长要给孩子灌输“自由、平等、博爱”的思想。教育孩子不能歧视别人，所有人都是平等的。要告诉孩子“当你歧视别人的时候，你一定要想一想，别人被你歧视的感觉是怎么样的，如果换成你的话，会不会伤到你的自尊心，你又是什么感觉呢？”

教育孩子不歧视任何人

在公共场所不要高声

噪音污染主要来源于交通运输、车辆鸣笛、工业噪音、建筑施工、社会噪音，如音乐厅、高音喇叭、早市噪音，包括人的高声说话等。噪声给人带来生理上和心理上的危害。一是损害听力。有检测表明，当人连续听摩托车声，8小时以后听力就会受损；若是在摇滚音乐厅，半小时后，人的听力就会受损；二是有害于人的心血管系统，我国对城市噪声与居民健康的调查表明：区域噪声每上升一分贝，高血压发病率就增加3%；三是影响人的神经系统，使人急躁、易怒，影响睡眠，造成疲倦。

在公共场所应尽量放低声音，男应绅士，女要贤淑，优雅而文静，一言一行都要顾及周围环境、他人权益和情绪。

在公共场所不要高声

在咳嗽、喷嚏时掩住口鼻

有人研究：轻言慢语时，喷出的飞沫约有1000多个；高谈阔论时，喷出的飞沫约达5000～10000个；咳嗽、打喷嚏时喷出的飞沫就更多了。带有病菌和病毒的飞沫很容易进入血液循环，使人得病。冬春季常见的呼吸道传染病——感冒、流感、流脑、麻疹、百日咳、腮腺炎、水痘等，主要都是通过飞沫传播的。为了切断空气飞沫这一传播途径，有关专家告诫人们：遵守社会卫生公德，不随地吐痰，咳嗽或打喷嚏时不面对他人。呼吸道传染病流行期间，尽量少去人群拥挤的公共场所，以减少接触致病性飞沫的机会。如遇有人咳嗽、打喷嚏，自己又没有戴口罩时，可临时采取“屏气法”避之，即屏住气10～20秒，可减少吸入体内的飞沫数量。当我们不得不咳嗽或喷嚏的时候，应掩住口鼻，这既是一种文明人起码的举止，也避免和降低了病毒病菌传染的机会，利人利己，何乐而不为呢？

在咳嗽、喷嚏时掩住口鼻

不吃人类的朋友——青蛙

青蛙是益农动物，一只青蛙一个夏天可消灭害虫上万只。另外，吃田鸡有碍身体健康。蛙肉中常常寄生一种曼氏裂头绦虫，其幼虫可随着人们食用蛙肉而进入人体的软组织和内脏，3周后便能发育成一米左右的成虫，使寄主腹痛、呕吐，严重的还能导致瘫痪或失明。另外，由于农田中施用了大量农药，毒素在昆虫体内聚集，蛙吃虫后，又进一步将其富集于蛙体。据卫生部门测定：蛙肉内的有机磷含量是猪肉的31倍，农药残存物毒性大大超过猪肉，以致近年频频出现畸形蛙。因此，不论从保护动物、农业生态，还是从身体健康方面看，食用田鸡都是错误的。

不吃人类的朋友——青蛙

倡导观鸟，反对关鸟

以笼养的方式来“爱鸟”是非常不好的习惯。据说，英国皇家爱鸟协会数十万人都是清一色的观鸟者，而北京有个爱鸟养鸟协会却是由众多养鸟者组成。笼养野鸟，满足了个人的占有欲，却剥夺了鸟儿的自由，违背了生态道德，更导致自然界生态链的断裂。因为大多数鸟类是食虫的(约 60%)，鸟被人们捕杀后，昆虫就会因失去天敌而泛滥成害。为抑制虫灾，人们便要投洒各种浓度越来越高、毒性越来越大的农药。这不仅荼毒了自然界中的生灵，而且残留于水及食物中的农药还导致人类恶性肿瘤等疾病的蔓延。由于有笼养鸟的市场存在，便有捕鸟售鸟的过程，绝大部分鸟在这一过程中都难逃一死。古人早有“始知锁向金笼听，不及林间自在啼”的爱鸟忠告。您若爱鸟请去观鸟，切勿关鸟。

倡导观鸟，反对关鸟

动物有难救一把，动物自由时不帮倒忙

野生动物被喂惯之后，心理、行为变异，会变成“乞丐”，失去自然觅食能力。大家都知道四川峨眉山猴子会“拦路”抢劫，你若不给食物就会有个别猴子翻脸急眼，我们便称之为流氓、强盗，还处治了一些凶悍之猴。要知道，这些猴子世世代代栖息山林，除了严冬到寺庙讨点儿食物外，从来都是自食其力，与人无争，是香客和游人惯坏了它们。以小恩小惠对动物进行“物质引诱”和“精神污染”，这哪是爱动物？简直是害动物！动物有难时热心帮一把，动物自由时切莫帮倒忙。

动物有难救一把，动物自由时不帮倒忙

反对恫吓、投喂公共饲养区的动物

被人们关养的动物由于身陷囹圄、去原生环境，往往很不幸福，多患抑郁症或神经质。我们在参观动物园、饲养区或保护基地时，应怀怜惜之心，不宜大呼小叫，不宜以过分的和突然的动作、以恶作剧恫吓动物。人有休息的需要，动物也有打盹的时候。很多人往往一看到动物休息就不悦，只希望动物随时给自己展现身姿、表演动作，也不顾人家是否疲倦。这是将自己的快乐建筑在别人的痛苦之上的非礼行为。有人以为喂喂动物表示一下爱心总可以吧，错了！随便投喂只会给动物带来伤害。人工饲养的动物往往运动量小，进食过多或摄入高脂肪、高糖度的食物会使其身体发胖，从而影响体质和营养均衡，甚至影响正常繁殖。随意投喂，还容易传染疾病。因而，接近动物时，请文明观赏或拍照，让人与动物相互都留下美好的印象。

反对恫吓、投喂公共饲养区的动物

反对制作、购买动植物标本

标本采集制作是从欧洲文艺复兴时期兴盛起来的一种认识生物、鉴别物种的手段，在生物学的研究、教学中有重要作用。但是，近年许多学生在野外实习时随意大量捕鸟、扣蝶、拔草、采花……对研究对象构成了破坏。在自然生境完好、少数研究者只为研究目的采集标本时，采集标本对认识自然有益，也构不成对自然的破坏。如今，自然平衡已相当脆弱，大自然成了需要人类保护的对象，再随意采集标本自然界已经难以承受。要知道，标本制作仅是认识自然的一种手段，而非目的。既然来到野外，就应当就地识别或拍照，看标本远不如看活体效果好。另外，一些商人以赚钱为目的，希望每个学校都建标本室，以做其标本生意。把活的弄成死的，使无价之宝变成有价之货，这对野生动物是又一种灾难。一些大博物馆、动物园有制作现成的标本栩栩如生，应鼓励大家尽可能到这些地方去观摩，而不鼓励自己去采集、制作和购买标本。

反对制作、购买动植物标本

告诉孩子野外活动要阻止伤害动物的行为

每年春秋，在鸟类迁徙的时候，总有人在郊外设网粘鸟，使富饶美丽的大自然天罗地网，暗藏杀机。我们希望大家行动起来，一见到诱捕动物的索套、夹子、笼网便果断拆除，勇于制止这类既违法又作孽的行为。周末去动物园的时候，也不要随意投喂动物，好意却造成对它们的伤害。要学会和动物友好的相处。

告诉孩子野外活动要阻止伤害动物的行为

拒绝把野生动物当宠物饲养

人们常误认为野生动物缺吃少喝，风餐露宿很不幸。其实，这正是其自然性的要求，大自然的风刀霜剑对动物是天性之需，而人为地侵入其领地、破坏其生态、捕杀其个体、割断其交流、污染其饮食才会对其构成最大的威胁。人类一方面去破坏动物的自然生存环境，一方面又以宠爱之名去捕养之，喂其以自己认为有营养但动物们并不需要或不爱吃的东西，将其囚禁于狭窄、肮脏之所，以致造成许多动物“不自由毋宁死”的悲剧。把野生动物当宠物来养是人类对自然占有欲、征服欲的表现，让我们记住这句名言吧：“我们不能支配自然，只能顺应她。”

拒绝把野生动物当宠物饲养

拒绝购买野生动物制品

许多野生动物遭到人们的商业性开发，由于被认为“皮可穿、羽可用、肉可食、器官可入药……”便被肆意捕杀，导致灭绝。如北美野牛、旅鸽等。据统计，全球野生动物年非法贸易额达100亿美元，与贩毒、军火并称为三大罪恶。海狗因人类进补之需而血溅北极，藏羚羊因西方贵妇人戴“沙图什”披肩炫耀之需而暴尸高原。为向日韩出口熊胆粉，近万头熊被囚入死牢，割开腹部抽取胆汁；为取犀角使犀牛遭受“灭顶之灾”；为穿裘皮，虎豹都犯了“美错误”……为养宠物、为表演取乐、为医药实验……无数生灵都被列为“合理开发利用”的对象。全球每年非法贸易灵长类5万只、象牙14万根，爬行动物皮1000万张、哺乳动物皮1500万张，热带鱼类3.5亿尾……对地球生态平衡起至关重要作用的野生动物都成了人们待价而沽、肆意开发的商品。可见，购买野生动物制品无异于鼓励谋财害命。

拒绝购买野生动物制品

拒绝捡拾野禽蛋

鸟类以产卵的形式繁殖后代，就像人生孩子一样。母鸟需将鸟蛋孵化很长时间才能迎来雏鸟破壳而出的日子，如果你无情地将她的蛋捡走，不就等于夺走人家的孩子吗？这些蛋无论归学生个人做纪念，还是上交集体归于公、都同样给母鸟带来了丧仔之痛。应知，野生禽鸟并不依赖你而生存，既然你没有去哺育、饲喂它们，就更不应不劳而获地抢夺人家的“胜利果实”。切记，鸟做妈妈也不易，不要捡拾野禽蛋。

拒绝捡拾野禽蛋

拒绝随便买动物放生

一些好心人常在市场上买动物放生，以为救助了动物，却被动物贩子利用，使其变本加厉地不断将自然界中本为自由的动物推向市场，大赚其钱。买赎放生者不了解这些动物的来源和该去之处，找个地方一放了之，任其自生自灭，这便出现了“好心办坏事”的结果。购买野生动物既违法、又变相鼓励了动物贩子捕捉动物，使动物从原来适宜生存之地妻离子散，又被天各一方地放到陌生之地，无食物、无栖所、无伴侣，或被天敌吃掉，或饥寒而死。这便是随便买动物放生的恶果。一些长期人工饲养或非本地土生土长的动物更不宜贸然放生，这会加速被放生动物的死亡，或给本地环境带来危害，如传播疾病、生态失衡等。看到有人贩卖野生动物应及时举报，设法制止，若需放生，应先进行科学论证，考察放生地的生存条件、天敌及生态容纳程度。最终不去干扰动物，才是最正确的做法。

拒绝随便买动物放生

了解认识 国家重点保护动植物

由于人口持续增加和工农业生产的发展等多种原因，导致野生动植物资源遭到严重破坏，一些野生动植物因生境恶化、数量锐减而濒临灭绝的境地。为保护生态平衡，我国先后公布了珍稀濒危保护动植物名录（即国家重点保护动植物名录），并颁布实施了野生动物保护法和珍稀濒危植物保护条例等法规，使我国野生动植物保护事业走上了法制化、规范化的轨道。我国现有的国家重点保护动植物名录中含一级保护动物 91 种，二级保护动物 162 种；一级保护植物 51 种，二级保护植物 203 种。这些动植物分布在我国各地，你家附近就可能找到一些。

图解
TUJIE

了解认识国家重点保护动植物

避免进入自然保护核心区

中国目前有各类自然保护区900多个，与全球其他的自然保护区一样，其功能区域分为实验区、缓冲区和核心区，核心区是保护的核心地带，是各种原生性生态系保存最完好的地方，是动植物最后的庇护所。因此这个区域严禁任何采伐、狩猎和游览活动，以保持其生物的多样性尽量不受人为干扰。实际上，核心区起着物种的遗传基因库的作用。现在，许多自然保护区向公众开放，或开展了生态旅游，那神秘的面纱正在轻轻地撩开，但任何开放活动都必须在核心区之外进行，以突出保护为主的宗旨。核心区不仅是动物保护之地、水源涵养之地，还是动物们最后无处可退的家。如果这个家再遭践踏，被人类“私闯民宅”，其中的动植物就会陷入绝境。近两年，由于不当的旅游活动，使我国22%的自然保护区遭到生境破坏的压力。应知，人类的生存有赖于动植物生命的延续。请怀着敬畏之心参观保护区，切莫闯入保护核心区。

图解 TUJIE

避免进入自然保护核心区

不使用一次性筷子

一次性筷子又称“卫生筷”、“方便筷”，其所谓“卫生”和“方便”不过是人们一种虚幻的心理期望，它的使用与“折枝为筷”本质相同，与每餐清洗消毒、不需要众多生产基地和繁琐运送过程的多次性筷子比，既不卫生，也不方便。它的生产，是一种野蛮的掠夺行为，它的储运中伴随着难以避免的污染，而其使用，显然是不洁和浪费。一株生长了20年的大树，仅能制成6000～8000双筷子。我国每年生产一次性筷子1000万箱，其中600万箱出口到日、韩等国。日本人发明了一次性筷子，却不用自己国土上的森林生产，而且用后回收用于造纸等。我国森林覆盖率不足日本的1/4，每年为生产一次性筷子减少森林蓄积200万立方米。因此，我们提倡外出就餐拒绝使用一次性筷子，平时学习和工作中拒绝使用木杆铅笔等。

不使用一次性筷子

不制作、购买根雕制品

根雕用料本来是取于自然中枯死的树根、竹根、藤根，但是由于根雕市场的形成，使得有人不断把活生生的树根挖掘出来制作根雕，达到近乎疯狂攫取的程度。《中华人民共和国森林法》明文规定，禁止挖树根。树根有利于水土保持，滥挖树根将会造成大面积的水土流失。包括森林、公园和城市绿地等等，所有地方，都不许挖树根。而且不仅是禁止砍伐活的树木获取树根，对于已经被砍掉的树，它们的根也是不允许挖的。如果确有需要挖掘，要先向林业部门递交申请，批准后方可适当采伐。因此，一般根雕需要的树根是无法在法规允许的情况下取得的。但实际上，私下的滥挖屡禁不止。“不少人直接到山林将鲜活的树砍掉后把树根挖回来，大多数树木都是百年老树。更令人痛心的是，沙漠中的很多树木也成了这些人的目标。沙漠缺乏水分，树木根系发达，具有观赏价值，偷挖这些沙漠树种，将极大地加重土壤沙化速度。”环境专家指出，即使是“死根”也不能挖。挖掘树根会破坏植被和土壤，对自然生态环境造成的是毁灭性破坏。

不制作、购买根雕制品

反对大树进城

大树进城是一种立竿见影的形象工程，折射出的是城市管理者急功近利的浮躁心态和政绩观。是缺乏生态保护常识的表现，更是生态道德的缺失。

首先，它破坏着原生地的生态。每一棵大树都是一个完整的生态系统，与周围土壤、土中生物、树下植被、树上鸟兽昆虫形成了良好的依存关系。移栽不仅造成大量土壤损失，也使完整的群落生态遭到破坏。水土流失，鸟兽失去家园。这与其改善的城市局部环境相比，可谓得不偿失。其次，造成大树衰亡。成年大树再生能力弱、可塑性较差，一旦移植，树体加速老化，移栽后两三年内处于假活状态，即使三五年后能成活，由于根系和树冠创伤难于恢复，树体逐渐衰弱，成为城市新的绿色弱势群体。再次，造成大量浪费。据估算，从偏远地区移植一棵树龄为 20 年以上的树木，成本加运输费用通常需要近万元，名贵树种价格更高。在被移植后，两三年内需要加强养护，其绿化成本也非常惊人。这种以牺牲乡村生态环境为代价绿化城市的做法，破坏了森林资源和整体的生态平衡，绝对是弊大于利的短视行为。令人欣慰的是，2009 年国家有关部门已开始意识到这一问题的严重性，发出了禁止大树古树移植进城的通知，要求坚决遏制“大树进城”之风。

反对大树进城

反对使用珍贵木材制品

以红木为例。红木是热带雨林出产的珍贵木材，价格年年攀升。一双红木筷子上百元，一套红木家具数万元、数百万元，但仍有人购买。我国严禁砍伐红木，我国的红木家具都是国外市场流入的。然而地球的生态系统是一个整体，任何地区热带雨林的砍伐都会破坏动物的栖息环境，造成整体的生态失衡。另外，珍贵木材取自珍稀树种，而珍稀树种是不可复生的自然遗产。一万年前，地球上约 1/2 的陆地面积覆盖着森林，约 62 亿公顷，而如今只剩下 28 亿公顷了。全球的热带雨林正在以每年 1700 万公顷的速度减少着，用不了多少年，世界的热带雨林资源就会被全部破坏。雨林是地球之肺，失去了肺的地球将会不堪设想。保护雨林、保护珍稀树种从拒绝消费珍贵木材制品做起。

反对使用珍贵木材制品

减少或避免使用各种卡片

统计数据表明，每制作 4000 张贺卡就要砍掉一棵大树，更不说印刷贺卡还要消耗油墨和能量，生产油墨和能量又要耗费资源，产生污染。若全国有 1 亿人送贺卡，每人送 2 张，就要砍掉 5 万棵树。我国森林覆盖率不到 14%，人均占有的森林蓄积量约 8.5 立方米，只及世界人均水平的 11%。1998 年长江特大洪灾向我们警示：砍伐森林就会导致水土流失，洪水泛滥，野生动物灭绝。最终的受害者还是我们自己。少送一张贺卡拯救不了一棵树，但是如果 13 亿人每人少送一张贺卡，那该能拯救多少棵树！拯救多少物种！没有贺卡，我们也能交流感情，如果一定要送，不妨自己利用废旧纸张或卡片动手做一张。

减少或避免使用各种卡片

拒绝购买珊瑚、玳瑁制品

珊瑚是海中森林，是许多海洋生物的家园，是海洋物种多样性和海洋生态平衡的保证；那些位于离岸几米远处未被破坏的珊瑚礁还可以有效阻止海浪的冲击，保护人类的海岸家园。珊瑚礁本身有自我修补的力量，死掉的珊瑚也在保护人类的生存环境。有许多人为了私利，砸下珊瑚卖钱，致使近海珊瑚群遭到严重破坏。我们呼吁，不要购买珊瑚。购买行为就是助纣为虐的破坏行为。

玳瑁是一种海龟，又称鳌，属海龟科玳瑁属，是一种生活在热带深海底的爬行动物，寿命可达千年，是国际和国家重点保护的濒危野生动物。佩带玳瑁饰品的嗜好是从皇宫流传到民间的，对玳瑁的杀戮也延续至今。成色较好的玳瑁手镯一般都有深红色的花纹，里面有一道道的血丝状红线。制作这种手镯的原料是活取的玳瑁角板。它是通过强烈击打活着的玳瑁，使之产生警觉张开角板，然后向其体内灌酒，使角板上的血色渗透出来，再向角板上浇沸水使角板变软，最后用醋洗角板表面，再迅速将整张角板剥下。生取玳瑁甲壳过程残暴至极！人类最血腥的嗜好之一就是喜欢佩戴着其他生物身体的部分或皮毛作为饰物，堂而皇之地行走在这个众生共有的地球上。所有善良的人们都应抵制珊瑚和玳瑁制品。

拒绝购买珊瑚、玳瑁制品

提倡养花种草

草坪能从一定程度上带给我们美的享受。还在默默地为我们做出更多的贡献。草坪不停地呼吸和进行光合作用，吸收空气中的二氧化碳，为人类吐出氧气。每十平方米草地所释放的氧气就足够我们一个人的需要了。因此，在您的庭院中种植草坪等于是建立了天然氧吧。草坪还能吸附大量的尘土，它的覆盖和固定作用使地表营养丰富的土层不被风吹走，还可以避免土壤被雨水冲刷，保留一部分雨水，使之成为地下水，有助于城市的雨水回收。在室内养花同样能够起到净化室内空气的作用，花木的呼吸和光合作用释放出氧气和水蒸气，吸附空气中的尘埃，是自然的空气净化器和加湿器。在很少开窗的冬季，室内的花草对空气的净化作用尤其重要。在新装修好的房屋中，花草还能起到吸附有害物质和辐射的作用。在您的室内外养一些花草吧，一举多得，何乐不为。

提倡养花种草

小手绢 大环保

据世界自然基金会统计，纸巾已经创造了一个高达 300 亿美元的高利润产业。一个无意识的日常小习惯，却可能对环境造成极深远的影响。如按每人两天一包纸巾计算，我国三四亿城市人口中就算有 1 亿人在用，那么一天的用纸量也在 5000 万包。而这 5000 万包纸需要砍伐多少树木？事实上，生产 1 吨纸需砍伐 17 棵 10 年生的大树，现在中国一年消耗的生活纸制品相当于每年砍伐 7400 多万棵大树。每天会有约 27 万棵树变作人类所用的纸巾被冲进厕所或丢进垃圾堆。不仅如此，在造纸和漂白过程中，还会产生对环境和人体有害的副产品。由于餐巾纸、面巾纸用完可以直接丢掉，不用清洗，手绢慢慢退出市场，难觅踪影。为了保护我们的森林，呼唤人们重新使用手绢。我们也可以自己缝手绢，既美观又实惠，还能把缝制的手绢作为礼物送给他人，同时也宣传了环保。

小手绢大环保

珍惜爱护古树名木

古树名木是一种活着的文物，是自然遗产，还是活的基因载体。研究古树名木对了解古代气候、水文和生态环境都有着重要意义。在我国，每个省份都分布有数不胜数的古树名木。这些历尽沧桑的大树，是我们中华民族悠久历史的见证和象征，也是大自然顽强生命力的体现。为了保护古树名木，各地先后出台了地方古树名木保护条例，并为古树名木建立了“户籍”和档案。你如果想了解家乡附近某一棵古树名木的详细情况，可以向当地林业或园林部门去打听一下。你一定会因此而为家乡骄傲。

珍惜爱护古树名木

不追求电子产品的快速更新换代

尽管信息技术被首推为“清洁工业”、“后工业”的代表，是非物质化的文明，但它一定程度上也承袭了传统工业的弊端，只是它对环境的影响尚未引起足够的注意。关于半导体的一份研究表明，用来制作电脑“芯片”的硅需要相当高的纯净度，而从石英矿砂开始的极为漫长的硅净化过程中需要浪费大量的原料和使用大量的有毒化学品。正因如此，在硅谷升起的“清洁”或“朝阳”工业也使这里成为美国危险废物密集度最高的垃圾场。另外，由于新的高性能计算机的不断涌现，许多旧型号的计算机被废置。一般说来，一台 pC 机在出厂 12 个月后就落伍了。在信息化程度很高的美国，已经有 7000 万台旧 PC 机被束之高阁；我国现有的旧计算机也已约达 50 万台；预计在今后 10 年中，全球还将有 1.5 亿台计算机被淘汰。其实对许多使用者来说，旧计算机的性能完全够用，没必要过于跟时尚。如果你把每台计算机多用上一两年，你就为节约资源、净化环境做了贡献。

不追求电子产品的快速更新换代

教育孩子不要到林区玩火

孩子都喜欢玩火，但是要看地方。不恰当的玩火可以引起火灾，污染环境。教育孩子不要携带火种进入林区、森林公园、自然保护区、风景名胜区；发现他人携带火种的，应及时予以制止；进入公园应听从防火管理人员的检查和劝告；不在野外吸烟、玩火、燃放烟花爆竹、烘烤食物、火把照明等。

教育孩子不要到林区玩火

教育孩子学会保护好自己

现代社会，家长要告诫孩子：害人之心不可有，防人之心不可无。社会各型各色的人有着不同的思想。告诉孩子知道什么可信：对于任何人都相信，那必定是个错误。对于任何人都不相信，那也不对。现在各种社会实践需要孩子独自出行，当父母不在身边的时候，如果孩子心中没有明确的避害意识和方法，那么就会失去宝贵的逃生时机。只要平时我们假定一些情形并告诉过他们应当怎样做，他们会在第一时间想起这些话，并毫不犹豫地去做。在一次火灾事故中，一家人都逃到了安全地带，但在浓烟中他们失散了。孩子找不到父母，转身又回到火灾现场，结果葬身火海。他的父母痛悔不已，如果平时就约定紧急情况发生时，全家都到预定的地点集中，就不会发生那样的悲剧。

告诉孩子生活垃圾与环境息息相关

我们在日常生活中所用的纸巾、卫生纸的原料都来自于树木的纤维素，消耗着森林资源，制造过程中又要耗费大量的能源和水，其中一部分后来还成为废水。因此，大量生产和使用纸巾既浪费资源又污染环境。另外，纸巾用过丢弃后成为固体废弃物，而且在掩埋时会产生污染问题。我国人口基数大，对纸巾、纸杯的消耗量非常大，我们的环境和资源都吃不消。如果我们从今天做起，从身边做起，少用一张纸，对我们的环境和未来都是一份贡献。

告诉孩子生活垃圾与环境息息相关

告诉孩子化肥的危害和农家肥的好处

化肥的施用曾经带来了粮食的高产，然而化肥也如农药一样像一把双刃剑。化肥的使用造成地表和地下水的污染。地表径流把化肥中的氮带入江河湖泊，使微生物严重增生、水体黏稠发臭，造成富营养化，并日趋严重，导致水中含氧量下降，水生生物死亡。我国的河流中，82%存在不同程度的污染。化肥的施用还严重地威胁近海生物。氮肥随江河进入海洋，诱发赤潮，使鱼类贝类中毒死去，严重破坏海水中的生态平衡。施用氮肥过多的瓜果蔬菜硝酸盐含量过高，人畜食用后导致高铁血红素血白症，使人的反应能力和工作能力下降，头晕目眩，意识丧失，严重的还会致癌致畸，危及生命。还有，化肥的长期施用严重降低土壤性能，导致土壤、营养结构失调，毒性增强，土质板结，生产能力下降等。化学肥料的出现仅是几百年的事，而数千年来人们一直使用农家肥，这是一种符合自然的方式，是可持续发展的。因而，我们提倡少用化肥，多用农家肥。

告诉孩子化肥的危害和农家肥的好处

拒绝使用非降解塑料餐盒

塑料制品是以石油为原料的，塑料工业的原料本身是石油工业的副产品，塑料生产不仅消耗大量的不可再生资源，而且产生大量污染。非降解塑料餐盒的广泛使用，会产生大量废物。废弃后的塑料再利用价值低，再生产成本高（约3000元/吨），且回收困难。在环境中不易生物降解（据研究表明，掩埋于地下的塑料需要上百年时间才能降解），焚烧处理又会造成二次污染。非降解塑料制品的大量使用和不当处置，降低了土地质量、浪费了资源、增加了环境压力，不仅会使我们这一代生活在垃圾的包围之中，而且也将使我们的子孙失去生存的土地，面对难以解决的治污问题。而实际上，塑料餐盒的功能非常有限，人们可以很方便地利用耐用品来替代它。因此，我们应尽量少用非降解塑料餐盒及其它非降解塑料制品。

图解 TUJIE

拒绝使用非降解塑料餐盒

拒绝向江河湖海倾倒垃圾

向江河湖海倾倒垃圾，会造成水体污染。水体污染的危害是多方面的。首先，直接影响工农业用水及其产品质量。据调查，截止至 1989 年，我国由于水污染每年造成的直接经济损失高达 377 亿元；其次是破坏生态环境，造成渔业减产，并危害人体健康。如世界闻名的日本水俣病，就是因汞、镉污染水体而引起的严重公害事件；再次，水体污染进一步减少了可用水资源。据研究，每排放 1 立方米污水，就污染 14 立方米天然水。如不进行污水处理，势必污染大量天然水体，从而加剧水资源不足的矛盾，甚至导致世界性水荒；等等。水体污染的原因是多方面的，但我们每一个人只要注意都可以对减轻这种污染有所作为。

拒绝向江河湖海倾倒垃圾

少用洗涤剂，多用肥皂

肥皂是由天然原料——脂肪再加上碱制成的。肥皂使用后排放出去时，很快就可由微生物分解。所以相对来说，肥皂在生产和使用上，对环境的影响是轻微的。与肥皂相比，洗涤剂对环境的影响较大。合成洗涤剂的制造过程中产生大量的废水和废气，它的使用，特别是含磷洗涤剂的使用，又增添了一系列的环境污染。含磷洗衣粉中的磷酸盐能刺激水藻的过分增长，水藻在死亡时会因其自身有机物质使水生态系统负荷过重，造成水体富营养化等问题。被磷污染的水域含有供水藻生长的丰富肥料，水藻的过分生长又造成氧耗竭，以致水域里的鱼虾因为无力与水藻争氧而死亡。被磷污染的江河湖海中，都会形成“死亡带”。因此，为了尽量减轻对环境的破坏，我们大家都应该多用肥皂，少用洗涤剂。

少用洗涤剂，多用肥皂

提倡使用布袋

我们去商店或农贸市场购物，几乎每样物品都会随赠一个塑料袋，回到家后，这些塑料袋往往立即被扔进垃圾箱。作为垃圾，塑料袋离开了我们的家，但是它们并没有在这个世界上消失。在我国的大部分地区，都是随处可见塑料袋，遇到刮风的天气，它们就会在空中飞舞，降落在树枝上、河流中，影响卫生和市容。塑料袋增加了垃圾的数量，占用耕地，污染土壤和地下水。更为严重的是塑料在自然界中上百年不能降解，若进行焚烧，又会产生有毒气体。仅图一时方便，却把垃圾遗弃给子孙后代，这样做合适吗？以北京为例，若人均每天消费一个塑料袋（约 0.4 克重），每天就要扔掉 4 吨塑料袋，仅原料就价值 4 万元。小小塑料袋的害处真够大。我们从前也是用可以重复使用的菜篮子和布袋子购物买菜的，普遍使用塑料袋只是近几年的事。我们应该恢复既往的优良传统。德国年轻人正以挎布袋购物为荣，让我们也来追随这种“绿色时尚”吧。

提倡使用布袋

玩具尽量自己做

以前的孩子们玩的是石头、泥土、树枝和家里的用具，还有奶奶或妈妈做的布娃娃或动物玩偶、爸爸做的木头手枪等。其实自己动手给孩子做玩具有种种好处：孩子可以看到一件玩具是怎样一步步被做成的，从中学到如何用自己的双手去创造所需要的东西：家长做的玩具会使孩子感到特别亲切，成为长大后的幸福回忆；家长做玩具还能给孩子树立榜样——无论一件事情是否容易做，都必须坚持，直到完成。另外，买来的玩具还严重地限制了孩子的想象力，比如芭比娃娃的表情是固定的，没给想象力留下余地。而手工做的柔和的、没有表情的普通娃娃，在孩子心目中却能创造出无数的想象中的人物。即便是买玩具，也要买那些有助于思考和动手的、有利于开发智力的、不会带来污染的、易于降解的，而不要买那些几年后就会成为垃圾的电动的、塑料的，特别是有毒塑料的。

玩具尽量自己做

爱护拾荒者

城市街头，经常看见一些拾荒者，他们往往因为衣衫破旧而让人看不起。然而，恰恰就是这群生活在社会底层的人，长年穿行于城市的大街小巷，拾取或收购废旧物品，才使一些宝贵的资源得以回收利用，也使许多懒惰而不负责任的人可以苟且偷安而不履行垃圾分类和回收的责任。西方发达国家之所以在 20 世纪 80 年代中期开始大力推行居民垃圾分类，原因就在于这些国家经济发展了，社会福利制度健全了，穷人宁可吃救济也不去捡垃圾，拾荒者阶层消失了，于是政府只能把垃圾分类的重担分摊给每一个人。我们要感谢和善待拾荒者，正是有了他们的工作，其他人才可以暂且偷闲，他们理应得到全社会的尊重和关爱。也正因为如此，我们有责任为其行方便，例如可对垃圾进行简单的干湿分类，保持丢到垃圾箱内的垃圾的相对清洁等。

爱护拾荒者

倡导垃圾分类回收

从工业生态学的视角看，垃圾是放错了位置的资源，是终将有一天可以使用的原料矿藏。只是，回收利用的原料或废料中的物质含量是一个关键因素，因为废品回收利用的价值随其物质含量的多寡而定。如果回收资源中的物质含量太低，收集的成本就会太高，如废钢铁、废塑料的分拣，运输的成本更高。混置为垃圾，分置为资源，许多垃圾因为没有分拣而不能再利用。目前我国垃圾回收率低，自动化分拣设备少，分拣效果不理想。如果居民在日常生活中直接对垃圾进行分类，可以大大降低这些成本，提高资源回收的价值。本来，不久前我们还沿袭着祖先传下来的对废物进行分类后卖给回收站的做法，西方人还在向我们学习，我们却把那么好的传统给丢了。垃圾分类不是一件可做可不做的事情，而是势在必行。大家都应该从我做起，敦促所在社区尽早建立垃圾分类体系，并且从现在开始就做些力所能及的分类工作，如将废纸板、废玻璃、废金属、废塑料等分类卖给废品回收者。

可回收物
Recyclable
厨余垃圾
Kitchen waste
有害垃圾
Harmful waste
其它垃圾
Other waste

倡导垃圾分类回收

回收废塑料

塑料的发明给我们的生活带来了很多方便，但随之而来的弊端也日益显露出来。因为它难以降解，如果我们按传统的方式像沤肥、堆填等对塑料进行处理，它会静静地待在那里上百年不变。曾给人们带来方便的塑料袋，现在满天飞，破坏了我们美丽的自然景观；被动物误食还会引起动物的死亡；埋入土壤中，不但长期不腐烂，而且影响土壤的通透性，破坏土质，使植物生长减少30%或更多。另外，塑料的重量轻、体积大，填埋占地多，破坏土地资源，污染地下水；如果焚烧的话，会产生二恶英，它对动物毒性极大，使鸟和鱼类出现畸形和死亡，导致人体多种疾病，是强致癌物。而塑料回收后，可用作再生塑料的原料或可用于还原炼汽油和柴油（1吨废塑料可炼700公斤左右的汽油或柴油）。既然废塑料流入自然界危害巨大，变废为宝却能产生能源，我们应提倡塑料回收。

回收废塑料

回收废纸，节省纸张

在报纸和电视中，我们常常可以看到一些造纸厂污染环境的报道。大量的污水把水体变得又黑又臭，鱼虾绝迹，两岸农田减产或绝收。生产纸张大部分以木材为原料，而木材的来源——森林是我们赖以生存的根本，是“地球之肺”，同时造纸还要污染环境，所以节约纸张就等于保护了我们生存的空间。在我们每天繁忙的学习和工作中，留心一下准备扔掉的废纸，也许反面还能用。即使是没有空白的废纸也不要随便扔进垃圾桶。回收一吨废纸可以少17棵大树，生产800公斤好纸，减少35%的水污染，节省一半以上的造纸能源。我们可以把学校和家中的旧报纸、旧课本、废纸片等集中起来，送往废品收购站。在购买纸张时选择再生纸，用实际行动支持废纸的循环利用。还可以把废纸回收的好处告诉同学和父母，大家都来回收废纸。

回收废纸，节省纸张

提倡旧物捐献

我国的城市生活垃圾绝大部分未经过无害化处理，生活垃圾的露天堆放总量已达2亿多吨。垃圾的转堆放、掩埋等处理过程要消耗大量的人力物力，且造成严重的环境污染，因而垃圾的处理是很重要的问题。对垃圾的处理应提倡从源头控制——垃圾减量化，简化包装、减少浪费。我们的生活中经常有一些闲置不用或已经过时淘汰的旧电器、旧衣物等，这些东西仍然有继续利用的价值。如果当成垃圾丢弃，会给环境增加很重的负担。我国还有很多贫困人口，他们的生活水平还很低。应该提倡把仍可利用的物品捐给贫困者。这样既可以改善贫困者的生活质量，又可以减少垃圾的数量。我们的资源是有限的，这种方式实际上是使有限的资源得到最大限度地使用。所以我们应该推广这种做法，如可以在校园内设立旧物交换、旧课本再用的交流，推行 recycle（重复利用）活动，减少我们制造的垃圾，减轻对生态环境的负担。

提倡旧物捐献

提倡使用可再生物品

使用可再生物品可以大量地节约能源。完全用废铁制钢所用的能量仅为用铁矿石制钢的 1/3；用再生纸浆制造新闻纸所用的能量仅为用纯木材纸浆的 25% ~ 26%；再生玻璃可比原产品节约能量 1/3。用再生玻璃做饮料瓶可少用 1/3 的能量，而用可重复灌装的玻璃瓶则可少用 90%的能量。再生对于减少土地、空气和水的污染也是至关重要的。例如，用废铁生产钢可减少空气污染 85%、减少水污染 76%，并全然消除了采矿的废物；用再生材料造纸可减少空气污染 74%、减少用水 35%，又相应地降低了对森林的压力。在未来的可持续经济中，工业材料将主要来源于当地的废物收集中心。在拥有稳定人口的成熟社会中，工业将主要靠该系统内部的物质供给原料，而不是靠系统外部不可再生资源的持续供给。

提倡使用可再生物品

提倡修旧利废

据统计，翻新一个旧轮胎比生产一个新轮胎要节约66%的能源，整幢建筑物的翻新整修比起新建一幢楼宇来要节约80%的能源，而且还相应减少与生产活动相关所必需的基础设施，特别是商品运输所需的基础设施。因使用与维修这些基础设施所产生的对环境的不利影响也相应降低。在已饱和的市场上，如在高度工业化国家的市场上，一般而言，购买一件新产品就意味着淘汰一件已有的旧产品。而如果通过修旧利废，如果把产品的平均寿命延长一倍，相应的废弃物就减少一半，与产品生产、运输和废弃相关的不利环境影响也就减少一半。并且这一过程本身还可以产生较好的经济效益：一个翻新的轮胎、一台换件修复的马达或整修一新的楼宇，它们的成本仅为全新生产或建造它们的40%。日常生活用品也是如此。

提倡修旧利废

鼓励环保募捐

改变现实需要我们每个人的努力。发达的欧美国家也曾经历过严重污染的时期，他们治理污染的成功经验中很重要的一条就是公众参与。公众参与的形式是多样的，你可能由于各种原因不能亲身到一线去做志愿者，但你可以其他形式参与环境保护事业。令人欣喜的是，如今的环保社团和组织已经活跃起来，组织各种环保活动，如植树、观鸟、保护濒危动物、提倡新的生活方式和消费方式、进行环保宣传等，他们的活动影响着公众意识和政府行为，带动着社会舆论，对推动绿色文明建设起到了重要的作用。然而，大部分环保社团是公益性的，他们的很多活动受到经济因素制约。不能达到最佳效果，所以我们应该尽可能地为其提供经济上的支援，如支持环保募捐，购买公益拍卖品等。聚沙成塔，集腋成裘，相信随着越来越多的人支持环保活动，我们的生态环境能够得到更好的保护。

鼓励环保募捐

积极参与环保宣传

积极的环保宣传和环境教育对于改善环境、促进环境保护具有十分重要的作用。联合国环境与发展大会发表的《21 世纪议程》中指出：“环境教育对于促进可持续发展和公众有效参与决策是至关重要的。”该议程建议“将教育重新定向，以适合可持续发展，增强公众意识并推广培训”。目前在中国，人们对人类活动与环境的内在联系的认识还相当贫乏。由于中国特殊的资源、环境、人口状况，环保宣传和教育更显得重要。通过积极的环保宣传，可以使人们认识到环境破坏的危害性和环境保护的重要性，进而更进一步地认识到并关心经济、社会、政治和生态的相互依赖性，增强每一个人的责任感并使其获得保护和改善环境、支持可持续发展的知识和技能。

积极参与环保宣传

利用环保纪念日
宣传环境保护意识

每年2月2日是世界湿地日，4月22日是世界地球日，6月5日是世界环境日，6月25日是中国土地日，7月11日是世界人口日，10月4日是世界动物日……在这些日子来临之际，我们都要不失时机地撰写文章、制作节目或召集活动，甚至在传统的清明节也组织青少年为灭绝的动物扫墓。这是唤起人们环境意识的重要时机。我们生活在这个世界上的每一个人既是环境破坏的制造者，也是环境破坏的受害者，更可以是环境破坏的抵制者和改变者。在湿地日，我们告诉大家长江发大水的原因之一便是湿地被围垦缩减；在地球日我们说这颗迄今所知宇宙中惟一有生命的星球需要善待；在土地日和人口日我们提醒人们这样一组鲜明的数字：中国可耕种土地每年缩减1500万亩，中国人口每年暴增1500万人；在动物日我们重申如果有一天所有笼中困兽都得以回到它们祖先生活的地方，这一天便是动物的节日；如果所有野生动物都因失去生存空间而消亡，这一天就是人类的末日。

利用环保纪念日宣传环境保护意识

了解生态资源保护的知识

草原是地球上最重要的生态系统之一，为畜牧业提供资源，固沙、防止水土流失和荒漠化等。森林是地球之肺，是陆地生态系统的主体，是地球上生命最为活跃的保护生物多样性的重要地区，是人类的摇篮。森林提供了氧气，吸收二氧化碳；调节地表径流，涵养水源，防止水土流失；减低风速、吸附尘埃和有毒气体，降低噪声污染。地球上71%的面积被水覆盖，水是生命之源，是生态和环境的控制性要素，是基础性和战略性的经济资源，是人类社会发展的命脉。土地是民生之本、发展之基，是生产要素，是人类生活和实现经济社会可持续发展的重要保障。当前我国的草原正面临严重退化的危机，造成这种危机的原因有过度载畜、放牧，气候干旱以及人为破坏，如搂发菜、挖药材、开矿和樵采等。我国属于森林资源贫乏的国家之一，森林覆盖率、人均森林面积和蓄积量远低于世界平均水平。我国人均水资源占有量仅为世界平均水平的约1/4，缺水状况在我国普遍存在且有加剧之势。我国土地总量多，人均耕地少，高质量的耕地少，可开发后备资源少，人均仅及世界人均土地资源的1/3。有环境意识的公民，应该更多更细致地学习生态资源保护知识，积极宣传资源的危机状况、努力自觉地参与保护环境和资源的活动。

图解
TUJIE

了解生态资源保护的知识

了解碳排放知识，减少碳排放

地球变暖是人类行为造成的气候变化，其元凶是“二氧化碳”等温室气体。人类到目前为止所使用的能量主要来源于煤炭、石油、木材、秸秆等以碳为主的燃料物质，而这些物质燃烧后都会放出二氧化碳。所谓碳排放，是一种将生活中所消耗的物质和能量折合成二氧化碳当量的计算方式。每人每天的生活都有碳排放，是因为我们每做一件事都要消耗物质和能量，例如吃一个汉堡包的碳排放包括运输和生产汉堡包所用的材料、制作汉堡包的过程等所消耗的能量折合的碳排放当量。

低碳生活其实很简单。这本书中的每一件小事都是低碳生活的例证。勿以善小而不为，一点点碳减排，都是对地球的关怀，对人类的关爱。

了解碳排放知识，减少碳排放

留意新闻媒体有关环保的报道

80年代中期以前，中国媒体在环境方面主要报道的是国家的环境政策，政府在环境方面所采取的措施等。随着经济的发展，中国的环境问题日益突出，中国的媒体也开始更全面、更深入地报道环境问题。电台、电视台上涌现出一批报道环境的节目（栏目），如中央电视台的“人与自然”、“环境周刊”、“环保时刻”、“绿色时空”；北京电视台的“走向大自然”（现已改名为“绿色行动”）等。社会影响较大的报纸则有：《中国环境报》、《中国绿色时报》、《中国青年报》（《绿》）、《科技日报》（《绿色周刊》）等等。近两三年来，有关环境的报道激增，请多关往这些报道并积极宣传这些内容，以唤起更多人的环境意识。

留意新闻媒体有关环保的报道

培养孩子宽广的心胸

教育家马卡连柯曾指出，父母“在开始教育自己的子女之前，首先应当检点自身行为”。父母让孩子学会宽容，首先自己应有宽容的品质。如果父母本身心胸狭窄，无视他人的意见，习惯于将自己的意志强加于人，不给人改错的机会，为一点小事争执不休，为一点小利而斤斤计较，孩子又怎么能学会宽容呢？

父母宽容、大度、遇事不斤斤计较，与邻里、同事融洽相处，孩子就会学着父母的样子处理自己与同学之间的关系，也会变得宽容、和善。

培养孩子宽广的心胸

随时随地举报破坏环境和生态的行为

在美国的高速公路旁，你经常可以见到倒下的大树，偶尔还可以发现被撞死的动物，但是绝对没有人将其弄回家去，否则将被起诉和惩罚。在新加坡更是以法律和公众监督来制约破坏环境的行为。我国也制定了很多关于环保的法律法规，如《环境保护法》、《固体废弃物污染环境防治法》、《噪音控制防治法》等，以制裁破坏环境的不良行为。我们每一个人都是环境破坏的直接受害者，我们应该学会用法律来保护自己。当你发现有偷猎野生动物、向河流排放污水、滥砍乱伐等等行为时，应及时向执法部门举报，并通报给新闻单位，让社会舆论对其进行谴责。只有我们共同参与，才能建设出具有美好生态环境的生存空间。

随时随地举报破坏环境和生态的行为

培养热爱劳动的好孩子

劳动是培养孩子在激烈竞争中良好生存的重要手段和基础。试想一个不会、也不热爱劳动的孩子，会具备怎样的生存、竞争能力。家长切莫让孩子贪一时享受，而让孩子遭罪一生。

培养孩子热爱劳动，首先要培养孩子对劳动的感情，让孩子认识劳动是最光荣的，认识劳动的过程，认识劳动的收获，认识劳动的果实，认识劳动的快乐。认识春播、秋收，了解高楼如何拔地而起，知道香喷喷的饭菜是怎样端上桌的。培养孩子尊重和热爱劳动者，珍惜他们的劳动成果，包括尊重家长的家务劳动。从一点一滴教育、引导孩子，增强热爱劳动的感情。

图解
TUJIE

培养热爱劳动的好孩子

学习认识环保标志

绿色是生命的颜色，代表着充满生机的大自然，公众习惯上把与大自然相协调的产品称为绿色产品。绿色产品需要由权威国家机构来审查、认证，并且颁发特别设计的环境标志（也称绿色标志），所以又称“环境标志产品”。各国设计了不同的标志图形，绿色标志风靡全球。它提醒消费者购买商品时不仅要考虑质量和价格，还应当考虑有关的环境问题。如果大家都有意识地选择和购买绿色产品，就可以促使厂家在生产过程中注意保护环境，减少对环境的污染和破坏。因此，绿色标志可以提高全民的环境意识，让消费者参与对环境问题的监督。1993 年 8 月，我国正式确定了环境标志图形，它由青山、绿水、太阳和十个环组成，其中心结构表示人类赖以生存的环境；外围的十个环紧密结合，环环相扣，表示公众参与，共同保护环境；同时十个环的“环”与环境的“环”同字，寓意为“全民联合起来，共同保护人类赖以生存的环境”。环境标志图形的确定，为环境商标保护提供了可能。

图解
TUJIE

学习认识环保标志

争取做环保志愿者

洁净的空气、幽雅的环境是我们共享的，每个人都应对环境保护尽一份义务。你也许会说，自己不是环保专业，不懂环保知识，职业也和环保无关。这些都不是问题！只要你愿意，来做环保志愿者吧！你可以做的事情很多，比如参加环保宣传、义务帮助环保组织工作，参加公益活动如筹款、植树等等，你可以有很多选择。做环保志愿者在许多国家和地区已经成为一种时尚。爱护环境，改善环境是我们每个人的事情。

争取做环保志愿者

记录你的

读书心得

稚慧堂